AF187187

Impressum
Verlag: BABADADA GmbH, Nedderfeld 112 , 22529 Hamburg
Geschäftsführer / Verlagsleitung: Harald Hof
Druck: Books on Demand GmbH, In de Tarpen 42, 22848 Norderstedt

Imprint
Publisher: BABADADA GmbH, Nedderfeld 112 , 22529 Hamburg, Germany
Managing Director / Publishing direction: Harald Hof
Print: Books on Demand GmbH, In de Tarpen 42, 22848 Norderstedt, Germany

skola

اسکول

klassrum
کمرہ جماعت
dividera
تقسیم کریں
186/2
tavla
بورڈ
skolgård
سکول کا صحن
lärare
اُستاد
papper
کاغذ
skriva
لکھنا
penna
قلم
skrivbord
میز
linjal
پیمانہ
bok
کتاب
elev
شاگرد

skolväska

بستہ

pennfodral

پینسل کیس

blyertspenna

پینسل

pennvässare

پینسل شارپنر

suddgummi

ربڑ

ritblock

ڈرائنگ پیڈ

teckning

ڈرائنگ

pensel

پینٹ برش

målarlåda

پینٹ باکس

sax

قینچی

lim

گوند

övningsbok

مشق کی کاپی

hemläxa

ہوم ورک

tal

ہندسہ

addera

جمع کریں

subtrahera

منفی کریں

multiplicera

ضرب دیں

räkna

شمارکریں

bokstav

خط

alfabet

حروف تہجی

ord

لفظ

text
....
متن

läsa
....
پڑھنا

krita
....
چاک

lektion
....
سبق

register
....
اندراج

prov
....
امتحان

intyg
....
سند

skoluniform
....
سکول یونیفارم

utbildning
....
تعلیم

uppslagsverk
....
انسائیکلوپیڈیا

universitet
....
یونیورسٹی

mikroskop
....
خورد بین

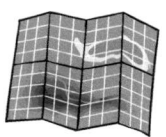

karta
....
نقشہ

papperskorg
....
ویسٹ پیپرباسکٹ

hotell
ہوٹل
vandrarhem
ہاسٹل
växelkontor
رقم تبدیل کرانے کیلئے دفتر
resväska
سوٹ کیس
bil
کار

språk

زبان

ja / nej

ہاں / نہیں

Okay

ٹھیک ہے

hej

ہیلو

översättare

مُترجم

Tack

شُکریہ

hur mycket kostar…?

--- کی کیا قیمت ہے؟

jag förstår inte

میں نہیں سمجھتا

problem

مشکل

God kväll!

شام بخیر!

God morgon!

صبح بخیر!

God natt!

شب بخیر!

hejdå

الوداع

riktning

سمت

bagage

سفری سامان

väska

بیگ

ryggsäck

بیگ پیک

gäst

مہمان

rum

کمرہ

sovsäck

سلیپنگ بیگ

tält

ٹینٹ

turistinformation

سیاحوں کےلئےمعلومات

strand

ساحل

kreditkort

کریڈٹ کارڈ

frukost

ناشتہ

lunch

لنچ

middag

ڈنر

biljett

ٹکٹ

hiss

لفٹ

frimärke

مُہر

gräns

سرحد

tull

کسٹمز

ambassad

سفارت خانہ

visum

ویزا

pass

پاسپورٹ

transport

نقل وحمل

flygplan
ہوائی جہاز
fartyg
سمندری جہاز
brandbil
آگ بُجھانےوالی گاڑی
lastbil
ٹرک
buss
بس
motorbåt
موٹربوٹ
cykel
سائیکل
bil
کار

färja

فیری

båt

کشتی

motorcykel

موٹرسائیکل

polisbil

پولیس کار

racerbil

ریسنگ کار

hyrbil

کرایہ پرکار

bilpool

کارکا اشتراک کرنا

bärgningsbil

کھینچنےوالا ٹرک

sopbil

کوڑے والا ٹرک

motor

کار

bränsle

ایندھن

bensinstation

پٹرول اسٹیشن

vägmärke

ٹریفک کےنشانات

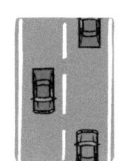

trafik

ٹریفک

bilkö

ٹریفک جام

parkeringsplats

کارپارک

tågstation

ٹرین اسٹیشن

räls

پٹڑیاں

tåg

ٹرین

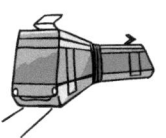

spårvagn

ٹرام

vagn

ویگن

helikopter

هیلی کاپٹر

flygplats

ائرپورٹ

torn

ٹاور

passagerare

مسافر

container

کنٹینر

kartong

ڈبہ

vagn

ریڑھا

korg

ٹوکری

starta / landa

اُڑان بھرنا / زمین پراُترنا

stad

شہر

by

گاؤں

centrum

سٹی سنٹر

hus

مکان

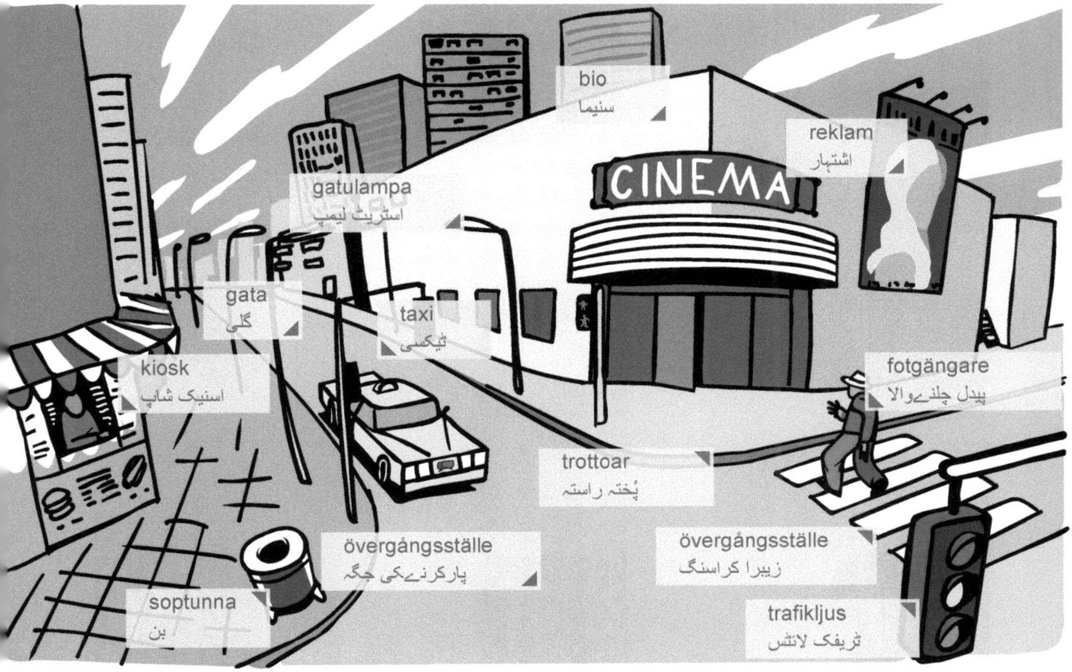
bio
سنیما
reklam
اشتہار
CINEMA
gatulampa
اسٹریٹ لیمپ
gata
گلی
taxi
ٹیکسی
kiosk
اسنیک شاپ
fotgängare
پیدل چلنےوالا
trottoar
پُختہ راستہ
övergångsställe
پارکرنےکی جگہ
övergångsställe
زیبرا کراسنگ
soptunna
بن
trafikljus
ٹریفک لائٹس

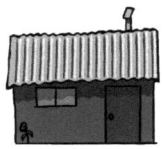

stuga

ہٹ

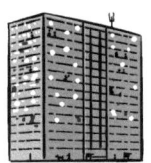

lägenhet

فلیٹ

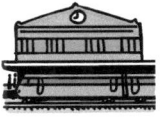

tågstation

ٹرین اسٹیشن

stadshus

ٹاؤن ہال

MUSEUM

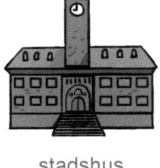

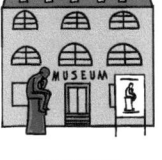

museum

عجائب گھر

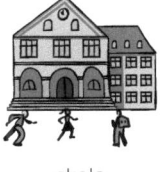

skola

اسکول

universitet

یونیورسٹی

bank

بینک

sjukhus

ہسپتال

hotell

ہوٹل

apotek

فارمیسی

kontor

دفتر

bokhandel

کتابوں کی دکان

affär

دکان

blomsterbutik

پھولوں کی دُکان

stormarknad

سُپرمارکیٹ

marknad

مارکیٹ

varuhus

ڈیپارٹمنٹ سٹور

fiskhandlare

مچھلی کی دُکان

köpcentrum

شاپنگ سنٹر

hamn

بندرگاہ

park

پارک

bänk

بنچ

brygga

پُل

trappa

سیڑھیاں

tunnelbana

انڈرگراؤنڈ

tunnel

سرُنگ

busshållplats

بس اسٹاپ

bar

شراب خانہ

restaurang

ریسٹورنٹ

brevlåda

پوسٹ باکس

gatuskylt

اسٹریٹ سائن

parkeringsautomat

پارکنگ میٹر

zoo

چڑیا گھر

simbassäng

سوئمنگ پول

moské

مسجد

bondgård

کھیت

förorening

آلودگی

kyrkogård

قبرستان

kyrka

چرچ

lekplats

کھیل کا میدان

tempel

مندر

landskap

منظر

löv
پتہ
vägskylt
رہنمائی کے لئے لگا ہوا بورڈ
väg
راستہ
äng
سبزہ زار
sten
پتھر
liftare
پیدل چلنے والا، بائکر
träd
درخت
flod
دریا
gräs
گھاس
blomma
پھول

dal

وادی

kulle

پہاڑی

sjö

جھیل

skog

جنگل

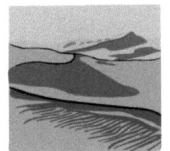

öken

صحرا

vulkan

آتش فشاں

slott

قلعہ

regnbåge

قوس قزح

svamp

کھمبی

palm

کجھور کا درخت

mygga

مچھر

fluga

مکھی

myra

چیونٹی

bi

مکھی

spindel

مکڑا

skalbagge

بھونرا

groda

مینڈک

ekorre

گلہری

igelkott

خارپُشت

hare

خرگوش

uggla

اُلو

fågel

پرندہ

svan

راج ہنس

vildsvin

سؤر

rådjur

ہرن

älg

امریکی بارہ سنگھا

damm

ڈیم

vindkraftverk

ہوا سے چلنے والی ٹربائین

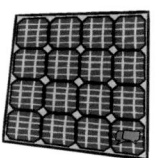

solcellspanel

سولر پینل

klimat

آب وہوا

restaurang
ریسٹورنٹ

servitör
ویٹر
meny
مینیو
stol
کُرسی
soppa
سوپ
pizza
پیزا
bestick
کٹلری
bordsduk
ٹیبل کلاتھ

förrätt
....
اسٹارٹر

huvudrätt
....
مین کورس

dessert
....
ڈیزرٹ

drycker
....
مشروبات

mat
....
کھانےکی اشیاء

flaska
....
بوتل

snabbmat

فاسٹ فوڈ

street food

اسٹریٹ فوڈ

tekanna

چائےدانی

sockerskål

شوگرباکس

portion

حصہ

espressomaskin

ایسپریسو مشین

barnstol

اونچی کُرسی

räkning

بل

bricka

ٹرے

kniv

چھُری

gaffel

کانٹا

sked

چمچ

tesked

چائےکا چمچ

servett

سرویئیٹی

glas

شیشہ

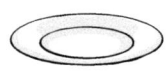

tallrik

پلیٹ

sopptallrik

سوپ پلیٹ

tefat

طشتری

sås

چٹنی

saltkar

سالٹ شیکر

pepparkvarn

پیپرمل

vinäger

سرکہ

olja

خوردنی تیل

kryddor

مصالحے

ketchup

کیچپ

senap

سرسوں

majonnäs

میئونیز

stormarknad

سُپرمارکیٹ

specialerbjudande
خصوصی پیشکش
FOR
kund
گاہک
mejeriprodukter
ڈیری
frukt
پھل
varukorg
ٹرالی

charkuteri

گوشت کی دُکان

bageri

بیکری

väga

وزن کرنا

grönsaker

سبزیاں

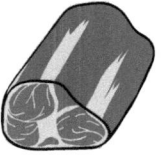

kött

گوشت

frysta livsmedel

جما ہوا کھانا

pålägg
....
کولڈ کٹس

konserver
....
ڈبےمیں بند کھانا

tvättmedel
....
واشنگ پاؤڈر

godis
....
مٹھائیاں

hushållsprodukter
....
گھریلو مصنوعات

rengöringsmedel
....
صاف کرنےکیلئےمصنوعات

försäljare
....
سیلزپرسن

kassa
....
کیش رجسٹر

kassör
....
کیشئیر

inköpslista
....
خریداری کی فہرست

öppettider
....
اوقات کار

plånbok
....
بٹوہ

kreditkort
....
کریڈٹ کارڈ

väska
....
تھیلا

plastpåse
....
پلاسٹک کےتھیلے

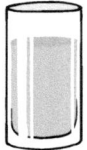

drycker
مشروبات

vatten

پانی

juice

جوس، رس

mjölk

دودھ

cola

کوک

vin

وائن

öl

بیئر

alkohol

الکوحل

kakao

کوکو آ

te

چائے

kaffe

کافی

espresso

ایسپریسو

cappuccino

کیپاچینو

banan

....

کیلا

äpple

....

سیب

apelsin

....

مالٹا

melon

....

خربوزہ

citron

....

لیموں

morot

....

گاجر

vitlök

....

لہسن

bambu

....

بانس

lök

....

پیاز

svamp

....

کھُمبی

nötter

....

اخروٹ، بادام وغیرہ

nudlar

....

نوڈلز

spaghetti

اسپیگیٹی

ris

چاول

sallad

سلاد

pommes frites

چپس

stekt potatis

تلے گئے آلو

pizza

پیزا

hamburgare

ہیم برگر

smörgås

سینڈوچ

schnitzel

کٹلیٹ

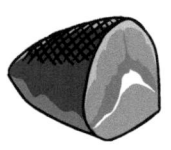

skinka

سؤرکی ران کا گوشت

salami

گوشت کی اطالوی ساسیج

korv

ساسیج

kyckling

مُرغی

stek

روسٹ

fisk

مچھلی

havregryn

جئی کا دلیہ

müsli

میوزلی

cornflakes

کارن فلیکس

mjöl

آٹا

croissant

کروئیسنٹ

fralla

بریڈ رول

bröd

بریڈ

rostat bröd

ٹوسٹ

kex

بسکٹ

smör

مکھن

kvarg

دہی

kaka

کیک

ägg

انڈا

stekt ägg

فرائی کیا گیا انڈہ

ost

پنیر

glass

آئس کریم

socker

چینی

honung

شہد

sylt

جام

nougatkräm

ناؤگٹ کریم

curry

سالن

کھیت

lantgård
فارم ہاؤس
ladugård
کھلیان
halmbal
تنکوں کی گانٹھ
fält
کھیت
häst
گھوڑا
trailer
ٹریلر
traktor
ٹریکٹر
föl
گھوڑے کا بچہ
åsna
گدھا
får
بھیڑ
lamm
میمنہ

get
....
بکری

ko
....
گائے

kalv
....
بچھڑا

gris
....
سؤر

griskulting
....
سؤر کا بچہ

tjur
....
سانڈ

bondgård - کھیت

gås

راج ہنس

anka

بطخ

kyckling

چوزہ

höna

مُرغی

tupp

مُرغا

råtta

چوہا

katt

بلی

mus

چوہا

oxe

بیلچہ

hund

کُتا

hundkoja

کُتے کا گھر

trädgårdsslang

گارڈن ہاؤس

vattenkanna

پانی کا کین

lie

درانتی

plog

ہل

skära

درانتی

hacka

بیلچہ

högaffel

ترنگل

yxa

کلہاڑا

skottkärra

ہتہ گاڑی

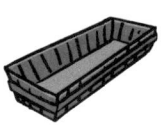

tråg

حوض

mjölkflaska

دودھ کا کین

säck

تھیلا

staket

باڑ

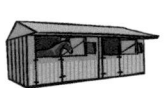

stall

اصطبل

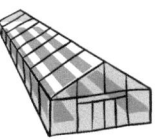

växthus

گرین ہاؤس

jord

مٹی

säd

بیج

gödsel

فرٹیلائیزر

skördetröska

کمبائن ہارویسٹر

skörda

فصل کاٹنا

skörd

فصل کاٹنا

jams

افریقی آلو

vete

گندم

soja

سویا

potatis

آلو

majs

مکئی

raps

توریا کا تیل

fruktträd

پھلداردرخت

maniok

کساوا

spannmål

دلیہ

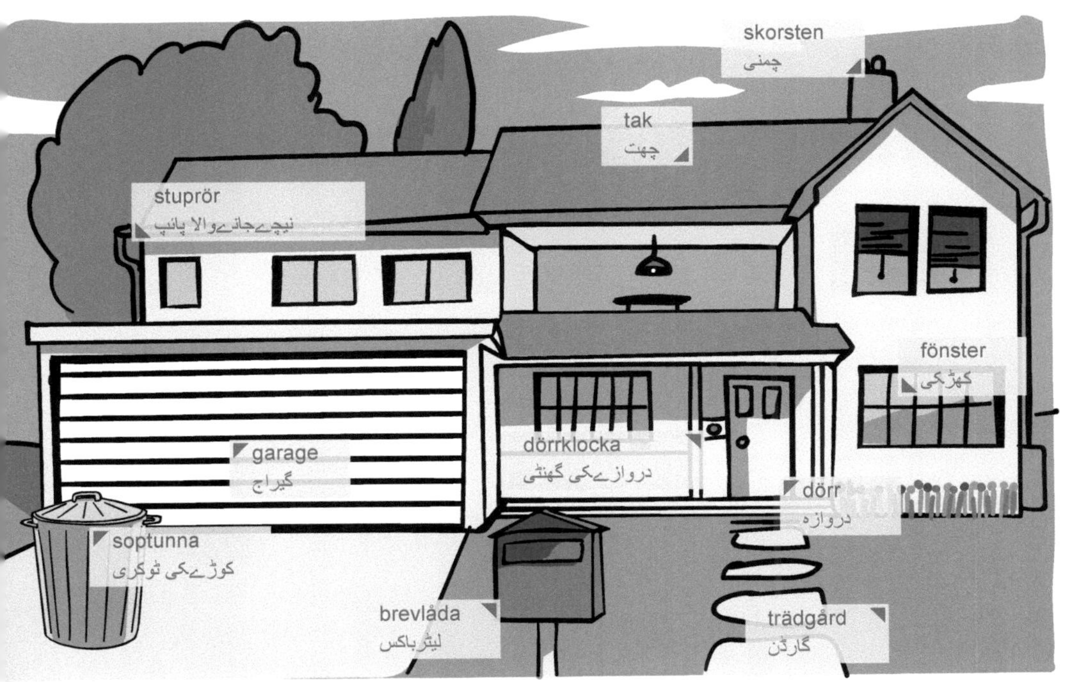

skorsten
چمنی
tak
چھت
stuprör
نیچے جانے والا پائپ
fönster
کھڑکی
garage
گیراج
dörrklocka
دروازے کی گھنٹی
dörr
دروازہ
soptunna
کوڑے کی ٹوکری
brevlåda
لیٹر باکس
trädgård
گارڈن

vardagsrum

لوونگ روم

badrum

غُسل خانہ

kök

باورچی خانہ

sovrum

بیڈروم

barnrum

بچوں کا کمرہ

matsal

کھانے کا کمرہ

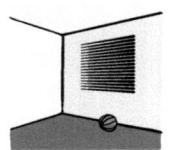

golv

فرش

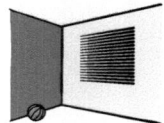

vägg

دیوار

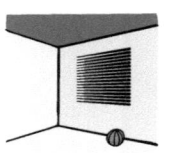

tak

چھت

källare

تہ خانہ

bastu

سوانا

balkong

بالکونی

terrass

ٹیریس

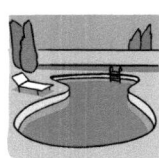

bassäng

پول

gräsklippare

گھاس کاٹنےکی مشین

lakan

چادر

överkast

چادر

säng

بستر

kvast

جھاڑو

hink

بالٹی

strömbrytare

سوئچ

vardagsrum

لوونگ روم

tapet
وال پیپر
bild
تصویر
lampa
لیمپ
hylla
شیلف
skåp
الماری
TV
ٹیلی ویژن
eldstad
آتش دان
blomma
پھول
kudde
soffa
صوفہ
vas
گلدان
fjärrkontroll
ریموٹ کنٹرول

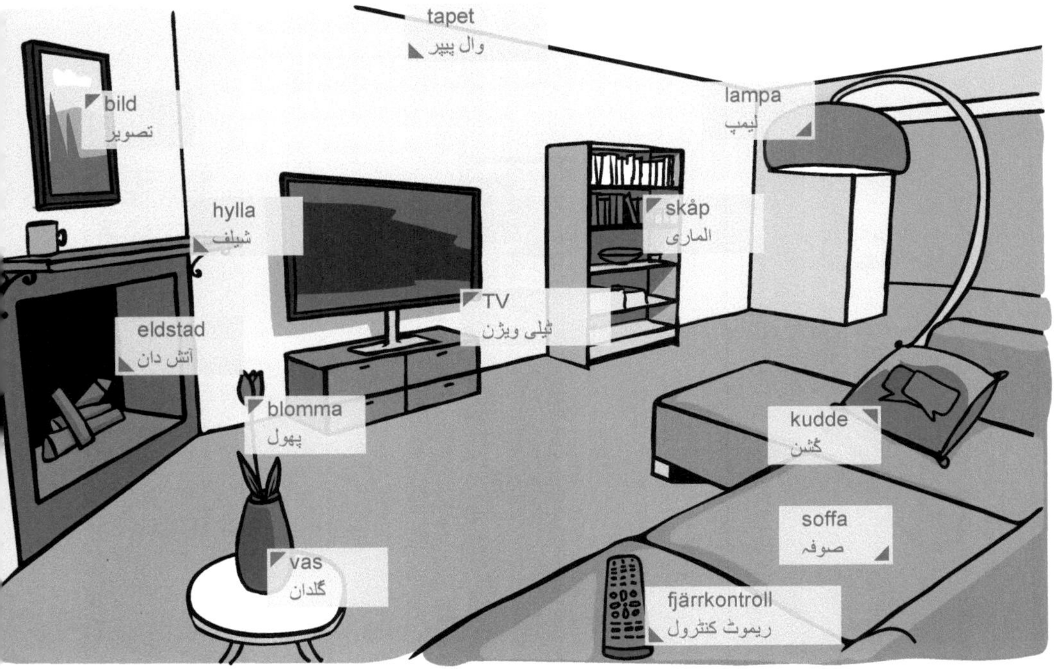

matta

قالین

gardin

پردے

bord

میز

stol

کُرسی

gungstol

ہلنےوالی کُرسی

fåtölj

آرام کُرسی

bok

کتاب

filt

کمبل

dekoration

آرائش

vedträ

جلانےکی لکڑی

film

فلم

stereoanläggning

ہائی فائی

nyckel

چابی

dagstidning

اخبار

målning

پینٹنگ

poster

پوسٹر

radio

ریڈیو

anteckningsbok

نوٹ بُک

dammsugare

ویکیوم کلینر

kaktus

کیکٹس

stearinljus

موم بتی

kök

باورچی خانہ

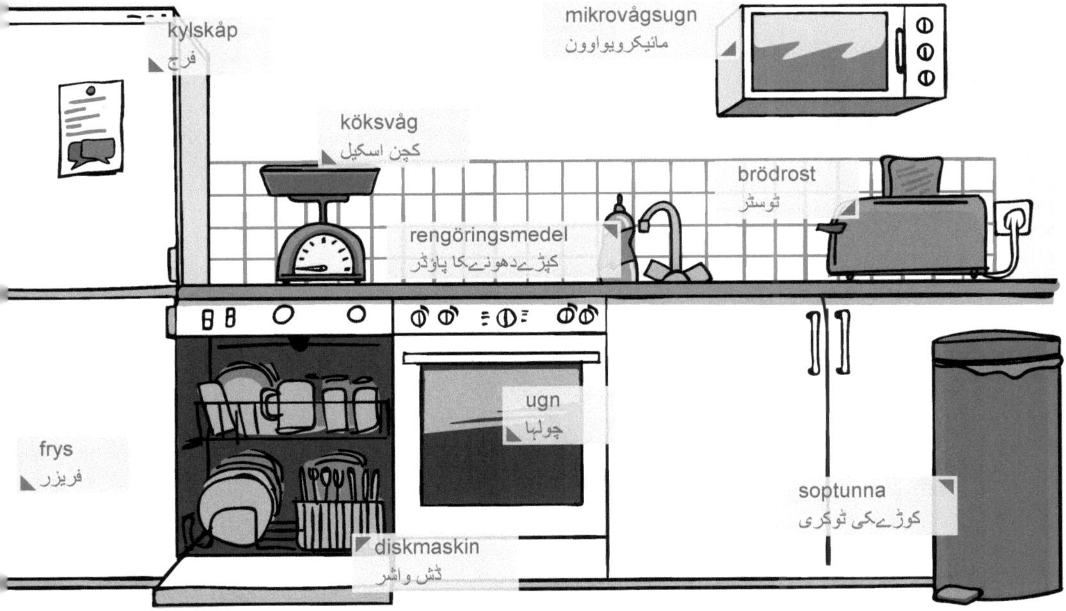

kylskåp
فرج
mikrovågsugn
مائیکروویواوون
köksvåg
کچن اسکیل
brödrost
ٹوسٹر
rengöringsmedel
کپڑے دھونے کا پاؤڈر
ugn
چولہا
frys
فریزر
soptunna
کوڑے کی ٹوکری
diskmaskin
ڈش واشر

spis
....
ککر

kastrull
....
برتن

järngryta
....
لوہے کا برتن

wok / kadai
....
کڑاہی

stekpanna
....
برتن

vattenkokare
....
کیتلی

ångkokare
اسٹیمر

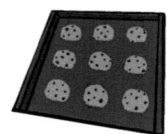

bakplåt
بیکنگ ٹرے

porslin
کراکری

mugg
مگ

skål
پیالہ

ätpinnar
چاپ اسٹکس

soppslev
ڈوئی

stekspade
کفچہ

visp
جھاڑودینا

durkslag
مقطر

sil
چھلنی

rivjärn
گریٹر

mortel
کونڈی

grill
باربی کیو

brasa
کھُلی آگ

skärbräda

چاپنگ بورڈ

kavel

بیلن

korkskruv

کارک اسکریو

burk

کین

burköppnare

کین اوپنر

grytlapp

برتن پکڑنےوالا کپڑا

vask

سنک

borste

برش

svamp

اسپونج

mixer

بلینڈر

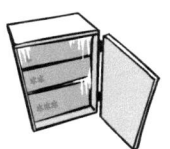

frys

ڈیپ فریز

nappflaska

بچےکی بوتل

kran

ٹونٹی

badrum

غُسل خانہ

värme
handduk
تولیہ
dusch
شاور
duschdraperi
شاور کرٹن
bubbelbad
ببل باتھ
badkar
باتھ ٹب
tvättmaskin
واشنگ مشین
kakel
ٹائلیں
kran
ٹونٹی
glas
شیشہ
potta
پاٹی
vask
سنک

toalett
ٹائلٹ

låg toalett
دوزانوں بیٹھنےوالی ٹائلٹ

bidet
نچلاحصہ دھونےکیلئےپاٹ

pissoar
پیشاب گاہ

toalettpapper
ٹائلٹ پیپر

toalettborste
ٹائلٹ برش

tandborste

ٹوتھ برش

tandkräm

ٹوتھ پیسٹ

tandtråd

ڈینٹل فلاس

tvätta

دھونا

handdusch

ہینڈ شاور

intimdusch

شاور

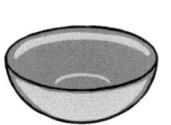

handfat

بیسن

ryggborste

بیک برش

tvål

صابن

duschgel

شاورجل

schampo

شیمپو

trasa

فلالین

avlopp

ڈرین

crème

کریم

deodorant

ڈیوڈورنٹ

spegel

آئینہ

handspegel

ہاتھ میں پکڑا جانےوالا آئینہ

rakhyvel

ریزر

raklödder

شیونگ فوم

rakvatten

آفٹرشیو

kam

کنگھی

borste

برش

hårtork

ہیئرڈرائر

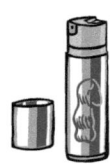

hårspray

ہیئراسپرے

smink

میک اپ

läppstift

لپ اسٹک

nagellack

نیل وارنش

bomullsvadd

روئی

nagelsax

ناخن کاٹنےکی قینچی

parfym

پرفیوم

necessär

واش بیگ

pall

پاخانہ

våg

وزن کرنےکی مشین

badrock

باتھ روب

gummihandskar

ربڑکےدستانے

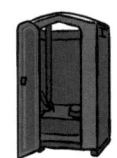

tampong

ٹیمپون

binda

سینیٹری ٹاول

kemisk toalett

کیمیکل ٹائلٹ

barnrum

بچوں کا کمرہ

väckarklocka
الارم کلاک
gosedjur
leksaksbil
کھلونا کار
skallra
جُھنجھنا
dockhus
گڑیا گھر
present
موجود

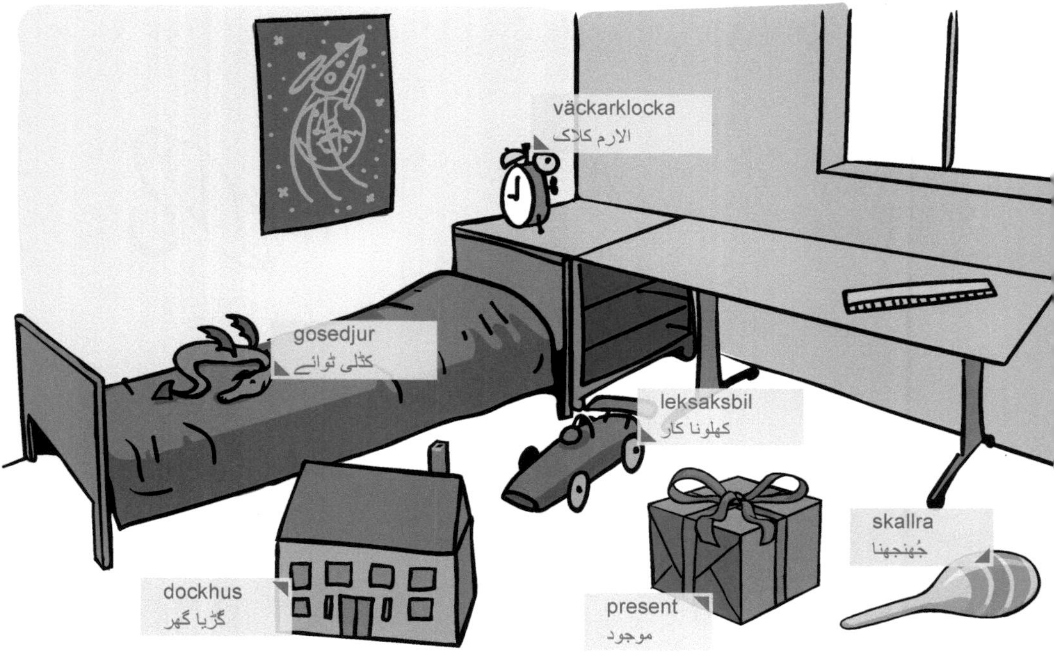

ballong

غبارہ

säng

بستر

barnvagn

پرام

kortlek

ڈیک آف کارڈز

pussel

جگسا

serietidning

کامک

legobitar

لیگوبرکس

klossar

کھلونا بلاکس

actionfigur

ایکشن فگر

sparkdräkt

بچے کا لباس

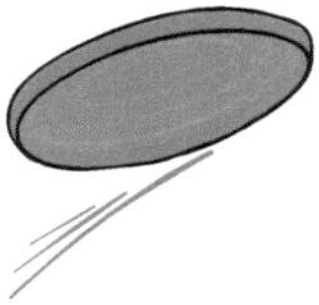

frisbee

فرسبی

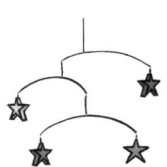

mobil

کھلونا موبائل

brädspel

بورڈ گیم

tärning

ڈائس

modelljärnväg

ماڈل ٹرین سیٹ

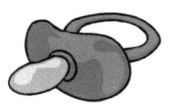

napp

ڈمی

party

پارٹی

bilderbok

تصاویروالی کتاب

boll

گیند

docka

گڑیا

spela

کھیلنا

sandlåda

سینڈ پٹ

gunga

جھولا جھولنا

leksaker

کھلونے

spelkonsol

وڈیوگیم کنسول

trehjuling

تین پہیوں والی سائیکل

nalle

ٹیڈی بیئر

garderob

کپڑوں کی الماری

kläder

لباس

sockar

موزے

strumpor

اسٹاکنگز

tights

ٹائٹس

halsduk
اسکارف

paraply
چھتری

t-shirt
ٹی شرٹ

bälte
بیلٹ

stövlar
بوٹ

tofflor
سلیپر

sneakers
اسنیکرز

sandaler

سینڈل

skor

جوتے

gummistövlar

ربڑ کے بوٹس

underbyxor

زیرجامہ

BH

بریزئیر

linne

واسکٹ

body

جسم

byxor

پتلون

jeans

جینز

kjol

اسکرٹ

blus

بلاؤز

skjorta

قمیض

pullover

پُل اوور

sweater

سویٹر

blazer

بلیزر

jacka

جیکٹ

kappa

کوٹ

regnjacka

رین کوٹ

dräkt

کوئی خاص لباس

klänning

لباس

bröllopsklänning

شادی کا لباس

kostym

سوٹ

nattlinne

نائٹ گاؤن

pyjamas

پائجامہ

sari

ساڑھی

slöja

سر پرلیا جانے والا اسکارف

turban

پگڑی

burka

بُرقع

kaftan

کفتان

abaya

عبایہ

baddräkt

تیراکی کا سوٹ

badbyxor

ٹرنک

shorts

نیکر

träningsoverall

ٹریک سوٹ

förkläde

اپرن

handskar

دستانے

knapp

بٹن

glasögon

عینک

armband

کنگن

halsband

ہار

ring

انگوٹھی

örhänge

کانوں کی بالیاں

mössa

ٹوپی

galge

کوٹ ہینگر

hatt

ہیٹ

slips

ٹائی

dragkedja

زپ

hjälm

ہیلمٹ

hängslen

بریسز

skoluniform

سکول یونیفارم

uniform

وردی

haklapp

بب

napp

ڈمی

blöja

نیپی

kontor
دفتر

server
سرور
dokumentskåp
فائلوں کی الماری
skrivare
پرنٹر
papper
کاغذ
bildskärm
مانیٹر
mus
ماؤس
skrivbord
میز
mapp
فولڈر
tangentbord
کی بورڈ
stol
کرسی
papperskorg
ویسٹ پیپرباسکٹ
dator
کمپیوٹر

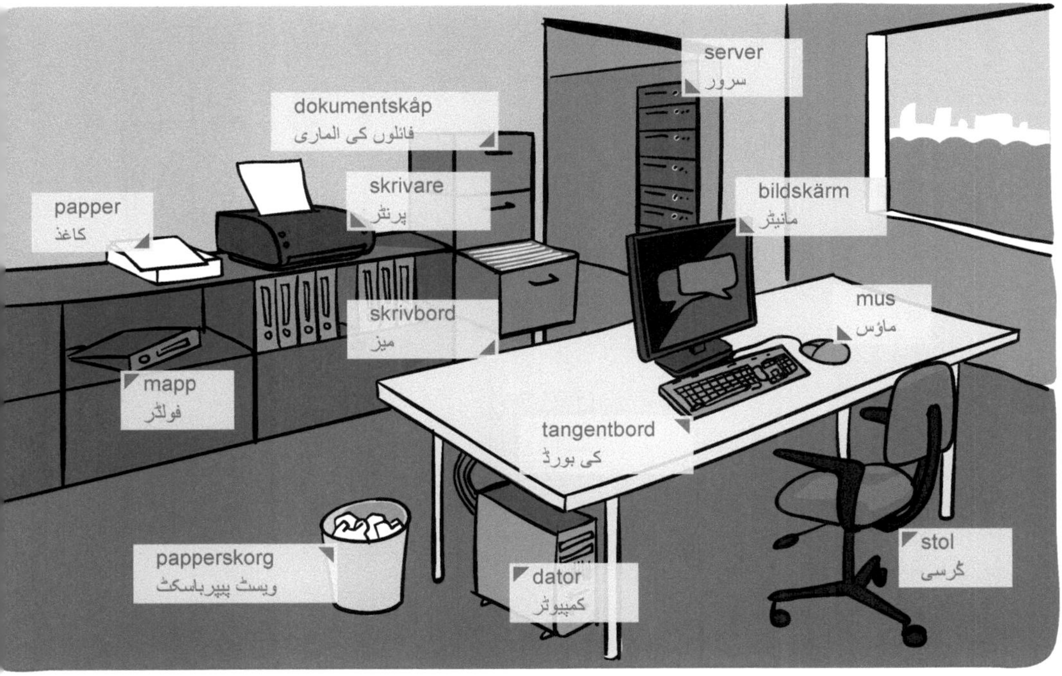

kaffemugg

کافی مگ

miniräknare

کیلکولیٹر

internet

انٹرنیٹ

bärbar dator

لیپ ٹاپ

brev

خط

meddelande

پیغام

mobiltelefon

موبائل

nätverk

نیٹ ورک

kopieringsapparat

فوٹوکاپئیر

programvara

سافٹ ویئر

telefon

ٹیلی فون

vägguttag

پلگ ساکٹ

fax

فیکس مشین

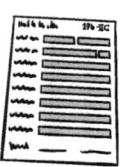

blankett

فارم

dokument

دستاویز

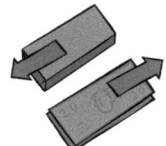

köpa

خریدنا

betala

ادائیگی کرنا

handla

تجارت کرنا

pengar

رقم

dollar

ڈالر

euro

یورو

yen

ین

rubel

روبل

schweizisk franc

سوئس فرانک

renminbi yan

رینمنیبی یوآن

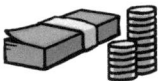

rupie

روپیہ

bankomat

کیش پوائنٹ

växelkontor

رقم تبدیل کرانے کیلئے دفتر

guld

سونا

silver

چاندی

olja

خام تیل

energi

توانائی

pris

قیمت

kontrakt

معاہدہ

skatt

ٹیکس

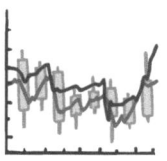

aktie

اسٹاک

arbeta

کام کرنا

anställd

ملازم

arbetsgivare

آجر

fabrik

فیکٹری

affär

دکان

polis
پولیس افسر
brandman
فائرمین
kock
خانساماں، کُک
läkare
ڈاکٹر
pilot
پائلٹ

trädgårdsmästare

مالی

snickare

ترکھان

sömmerska

درزن

domare

جج

kemist

کیمسٹ

skådespelare

اداکار

busschaufför

بس ڈرائیور

taxichaufför

ٹیکسی ڈرائیور

fiskare

مچھیرا

städerska

صفائی کرنے والی عورت

takläggare

چھت بنانے والا

servitör

ویٹر

jägare

شکاری

målare

پینٹر

bagare

بیکر

elektriker

الیکٹریشین

byggarbetare

بلڈر

ingenjör

انجینئیر

slaktare

قصائی

rörmokare

پلمبر

brevbärare

ڈاکیا

soldat

سپاہی

arkitekt

آرکیٹیکٹ

kassör

کیشئیر

florist

پھول بیچنےوالا

frisör

نائی

konduktör

کنڈکٹر

mekaniker

مکینک

kapten

کپتان

tandläkare

ڈینٹسٹ

vetenskapsman

سائنسدان

rabbin

یہودی عالم

imam

امام

munk

راہب

präst

پادری

verktyg
اوزار

hammare
tång
پلائرز
skruvmejsel
پیچ کس
skiftnyckel
رینچ
ficklampa
ٹارچ

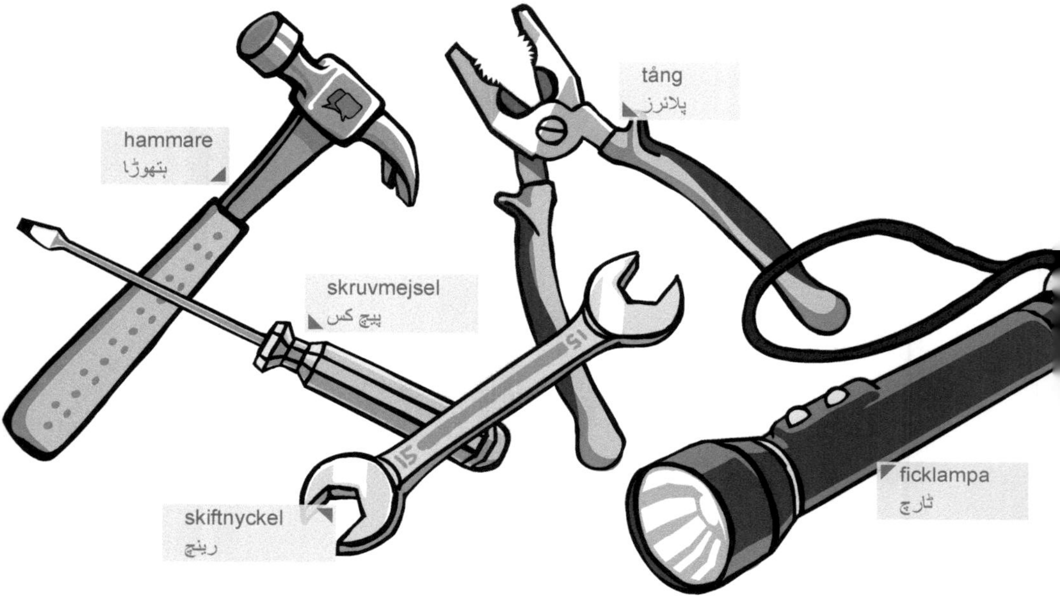

grävmaskin

ایکسکویٹر

verktygslåda

ٹول باکس

stege

سیڑھی

såg

آری

spik

کیل

borr

ڈرل

reparera

مرمت کرنا

spade

بیلچہ

Helvete!

لعنت ہو!

sopskyffel

ڈسٹ پین

färgburk

پینٹ پاٹ

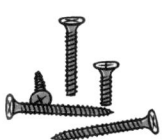

skruvar

پیچ

musikinstrument

آلات موسیقی

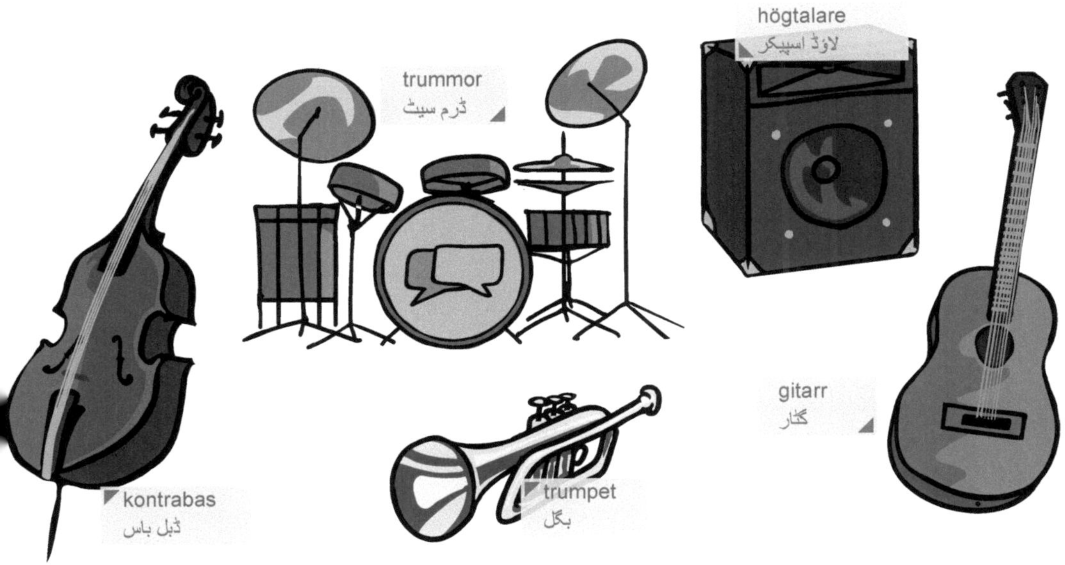

högtalare

لاؤڈ اسپیکر

trummor

ڈرم سیٹ

gitarr

گٹار

kontrabas

ڈبل باس

trumpet

بگل

piano

پیانو

violin

وائلن

bas

موسیقی کی آواز

timpani

ٹمپانی

trumma

ڈھول، ڈرمز

keyboard

کی بورڈ

saxofon

سیکسوفون

flöjt

بانسری

mikrofon

مائیکروفون

ZOO

چڑیا گھر

ingång
داخلے کا راستہ
tiger
چیتا
bur
پنجرہ
zebra
زیبرا
djurfoder
جانوروں کا چارہ
panda
پانڈا

djur

جانور

elefant

ہاتھی

känguru

کینگرو

noshörning

گینڈا

gorilla

گوریلا

björn

ریچھ

kamel

اونٹ

struts

شُترمُرغ

lejon

شیر

apa

بندر

flamingo

فلیمنگو

papegoja

طوطا

isbjörn

قطبی ریچھ

pingvin

کبوتر

haj

شارک

påfågel

مور

orm

سانپ

krokodil

مگرمچھ

djurskötare

چڑیا گھر کا محافظ

säl

سیل

jaguar

امریکی تیندوا

ponny

ٹٹو

leopard

چیتا

flodhäst

دریائی گھوڑا

giraff

زرافہ

örn

عقاب

vildsvin

سؤر

fisk

مچھلی

sköldpadda

کچھوا

valross

سمندری گھوڑا

räv

لومڑی

gazell

غزال ہرن

sport
کھیلیں

amerikansk fotboll
امریکن فٹ بال
cykling
سائیکلنگ
tennis
ٹینس
basket
باسکٹ بال
simning
پیراکی
boxning
باکسنگ
ishockey
آئس ہاکی

fotboll

فٹ بال

badminton

بیڈمنٹن

friidrott

اتھلیٹکس

handboll

ہینڈ بال

skidåkning

اسکیئنگ

polo

پولو

skratta
بنسنا

ppa
چھلانگ ل

krama
گلے لگانا

gå
چلنا

sjunga
گانا

drömma
خواب دیکھنا

be
دُعا کرنا

kyssa
چُومنا

skriva
....
لکھنا

rita
....
تصویرکشی کرنا

visa
....
دکھانا

skjuta
....
آگے کی طرف دھکیلنا

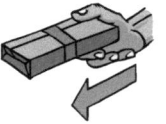

ge
....
دینا

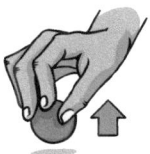

ta
....
لینا

hagel

رکھنا

göra

کرنا

vara

ہونا

stå

کھڑا ہونا

springa

دوڑنا

dra

کھینچنا

kasta

پھینکنا

falla

گرنا

ligga

جھوٹ بولنا

vänta

انتظارکرنا

bära

اُٹھانا

sitta

بیٹھنا

klä på

ملبوس ہونا

sova

سونا

vakna

جاگنا

se på

دیکھنا

gråta

رونا

smeka

چوٹ لگانا

kamma

کنگھی کرنا

prata

بات کرنا

förstå

سمجھنا

fråga

پوچھنا

höra

مُتوجہ ہونا

dricka

پینا

äta

کھانا

städa

صاف کرنا

älska

پیارکرنا

laga mat

پکانا

köra

گاڑی چلانا

flyga

اُڑنا

segla

بحری سفرکرنا

räkna

شمارکریں

läsa

پڑھنا

lära sig

سیکھنا

arbeta

کام کرنا

gifta sig

شادی کرنا

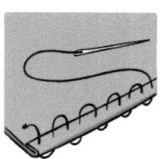

sy

سینا

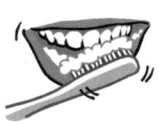

borsta tänderna

دانت صاف کرنا

döda

جان سےماردینا

röka

تمباکونوشی کرنا

skicka

بھیجنا

mormor/farmor
داد

morfar/farfar
دادا

pappa
باپ

mamma
ماں

baby
طفل

dotter
بیٹی

son
بیٹا

gäst

مہمان

moster/faster

چچی

farbror/morbror

چچا

bror

بھائی

syster

بہن

kropp

جسم

panna
öga
skuldra
finger
انگلی
ansikte
چہره
haka
hand
bröst
ben
ٹانگ
arm
بازو

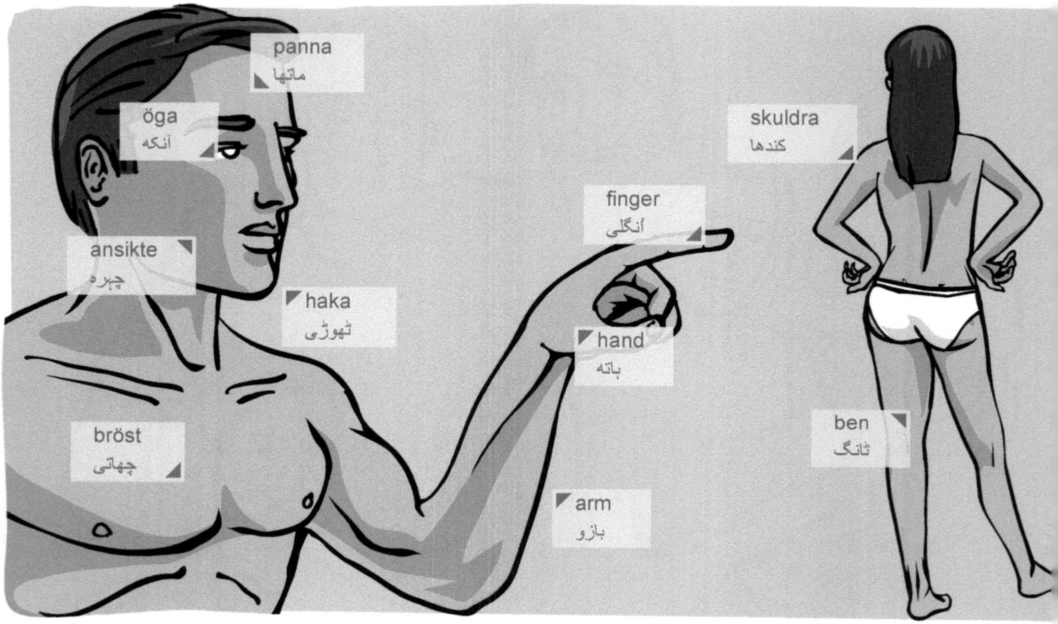

baby

طفل

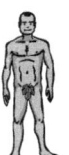

man

آدمی

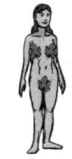

kvinna

عورت

flicka

لڑکی

pojke

لڑکا

huvud

سر

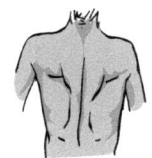

rygg

کمر

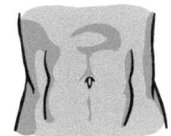

mage

پیٹ

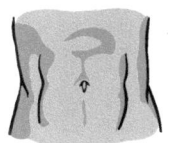

navel

ناف

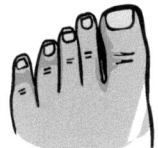

tå

پاؤں کا انگوٹھا

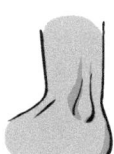

häl

ایڑھی

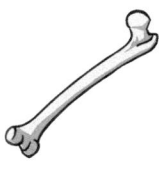

ben

ہڈی

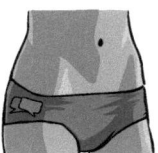

höft

کولہا

knä

گھٹنا

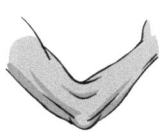

armbåge

کہنی

näsa

ناک

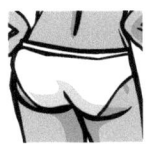

stjärt

نچلا حصہ

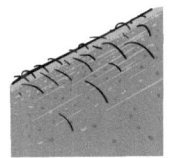

hud

جلد

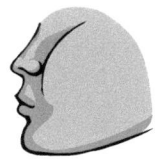

kind

گال

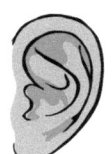

öra

کان

läpp

ہونٹ

mun

مُنہ

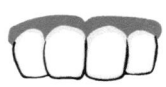

tand

دانت

tunga

زُبان

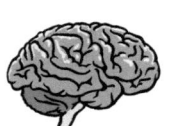

hjärna

دماغ

hjärta

دل

muskel

پٹھہ

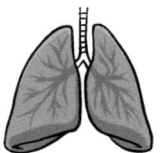

lunga

پھیپھڑا

lever

جگر

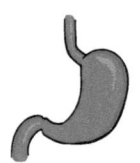

magsäck

معدہ

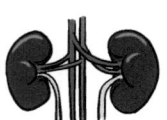

njurar

گردے

sex

جنس

kondom

کنڈوم

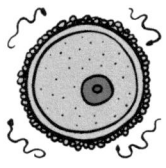

äggcell

بیضہ

sperma

مادہ منویہ

graviditet

حمل

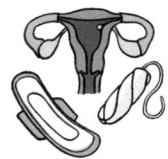

menstruation

حیض

vagina

اندام نهانی

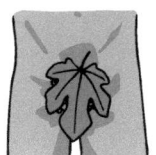

penis

عضوتناسل

ögonbryn

بهنوین

hår

بال

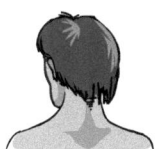

nacke

گردن

sjukhus

ہسپتال

ambulans
ایمبولینس
rullstol
وہیل چیئر
benbrott
ہڈی ٹوٹنا

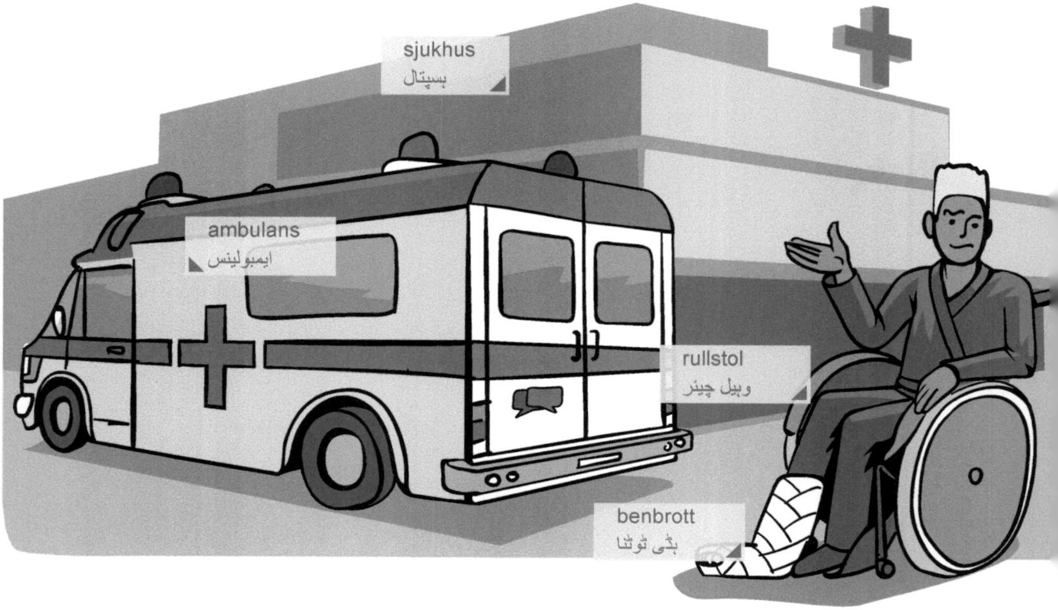

läkare

ڈاکٹر

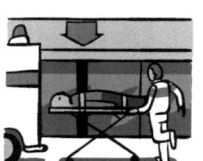

akutmottagning

ہنگامی کمرہ

sjuksköterska

نرس

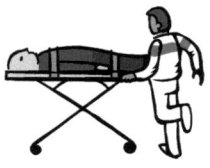

nödsituation

ہنگامی صورتحال

medvetslös

بےہوش

smärta

درد

skada

زخم

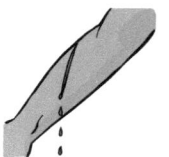

blödning

خون بہنا

hjärtattack

دل کا دورہ

slaganfall

فالج

allergi

الرجی

hosta

کھانسی

feber

بخار

influensa

زکام

diarré

اسہال

huvudvärk

سردرد

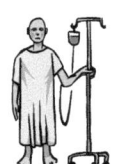

cancer

کینسر

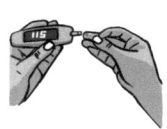

diabetes

ذیابیطس

kirurg

سرجن

skalpell

نشتر

operation

آپریشن

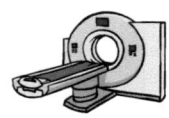

CT

سی ٹی

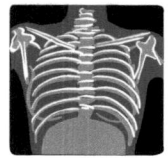

röntgen

ایکس رے

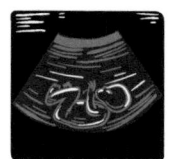

ultraljud

الٹراساؤنڈ

ansiktsmask

چہرے کا نقاب

sjukdom

بیماری

väntsal

انتظارگاہ

krycka

بیساکھی

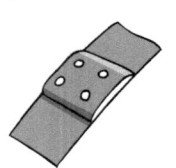

plåster

پلاسٹر

bandage

پٹی

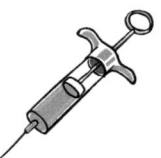

injektion

انجکشن

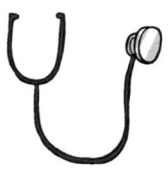

stetoskop

اسٹیتھواسکوپ

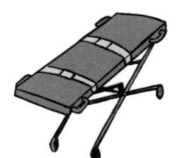

bår

اسٹریچر

termometer

مطبی تھرما میٹر

födsel

پیدائش

övervikt

حد سے زیادہ وزن

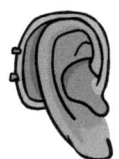

hörapparat

آلہ سماعت

desinfektionsmedel

جراثیم کش

infektion

انفیکشن

virus

وائرس

HIV / AIDS

ایچ آئی وی/ ایڈز

medicin

دوا

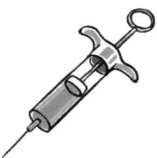

vaccination

ویکسی نیشن

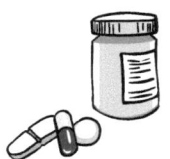

tabletter

گولیاں

p-piller

گولی

nödsamtal

ہنگامی کال

blodtrycksmätare

بلڈ پریشرمانیٹر

sjuk / frisk

بیمار/ صحتمند

nödsituation

ہنگامی صورتحال

Hjälp!

مدد!

alarm

الارم

överfall

مُجرمانہ حملہ

misshandel

حملہ

fara

خطرہ

nödutgång

ہنگامی راستہ

Det brinner!

آگ!

brandsläckare

آگ بُجھانے والا آلہ

olycka

حادثہ

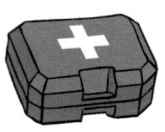

förbandslåda

ابتدائی طبی امداد کی کٹ

SOS

ایس او ایس

polis

پولیس

Europa

یورپ

Nordamerika

شمالی امریکہ

Sydamerika

جنوبی امریکہ

Afrika

افریقہ

Asien

ایشیا

Australien

آسٹریلیا

Atlanten

بحر اوقیانوس

Stilla Havet

بحر الکاہل

Indiska Oceanen

بحرہند

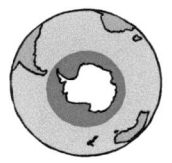

Antarktiska Oceanen

بحرقُطب جنوبی

Arktiska Oceanen

بحرقُطب شمالی

Nordpol

قُطب شمالی

Sydpol

قُطب جنوبی

Antarktis

انٹارکٹیکا

Jorden

زمین

land

زمین

hav

سمندر

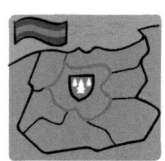

ö

جزیرہ

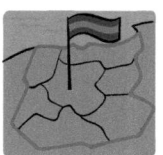

nation

قوم

stat

ریاست

urtavla

کلاک کا سامنے کا حصہ

timvisare

گھنٹوں والی سوئی

minutvisare

منٹوں والی سوئی

sekundvisare

سیکنڈ ہینڈ

Vad är klockan?

کیا وقت ہوا ہے؟

dag

دن

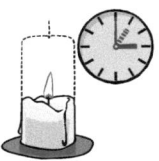

tid

وقت

nu

اب

digital klocka

ڈیجیٹل گھڑی

minut

منٹ

timme

گھنٹہ

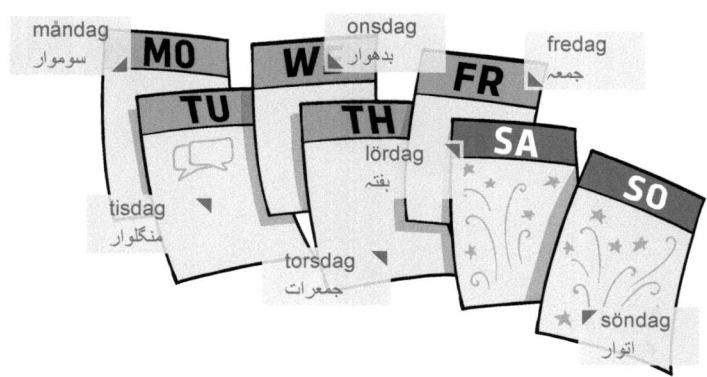

vecka

ہفتہ

måndag
سوموار
tisdag
منگلوار
onsdag
بدھوار
torsdag
جمعرات
fredag
جمعہ
lördag
söndag
اتوار
FR
SO

igår

گزرا کل

idag

آج

imorgon

کل

morgon

صبح

middag

دوپہر

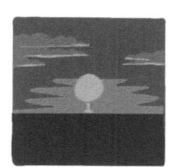

kväll

شام

vardagar

کاروباری دن

helg

ہفتے کا اختتام

år
سال

regnbåge
قوس قزح
regn
بارش
snö
برف
vind
ہوا
vår
بہار
höst
خزاں
sommar
موسم گرما
vinter
موسم سرما

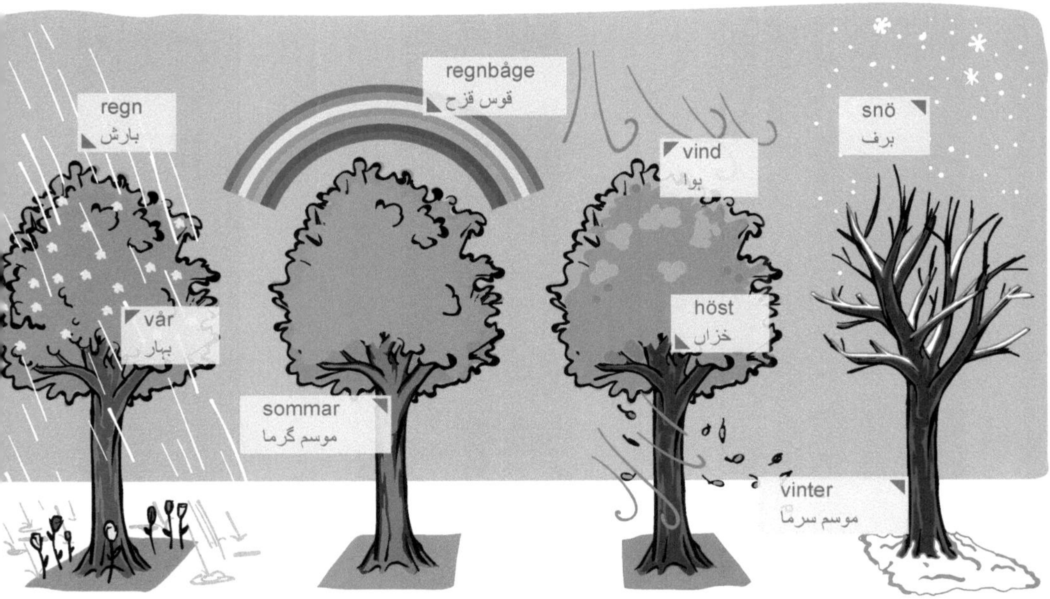

väderprognos

موسمی پیش گوئی

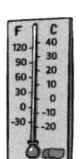

termometer

تھرما میٹر

solsken

دھوپ

moln

بادل

dimma

دُھند

luftfuktighet

حبس

blixt

بجلی کوندھنا

åska

بادلوں کی گرج

storm

طوفان

hagel

ژالہ باری

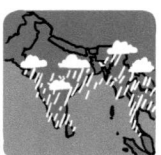

monsun

مون سون

översvämning

سیلاب

is

برف

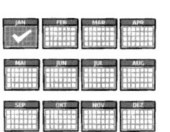

januari

جنوری

februari

فروری

mars

مارچ

april

اپریل

maj

مئی

juni

جون

juli

جولائی

augusti

اگست

september

ستمبر

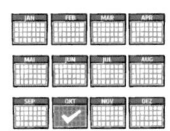

oktober

اکتوبر

november

نومبر

december

دسمبر

former

اشکال

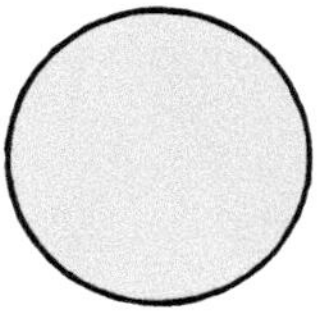

cirkel

دائره

kvadrat

چوکور

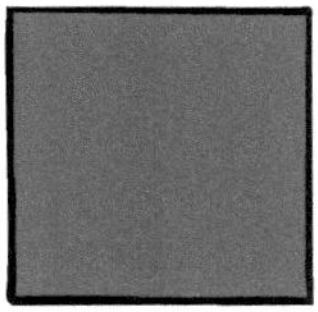

rektangel

مُستطیل

triangel

تکون

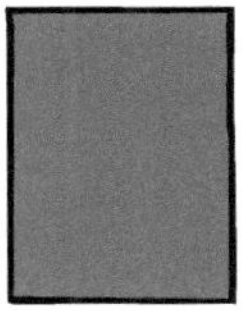

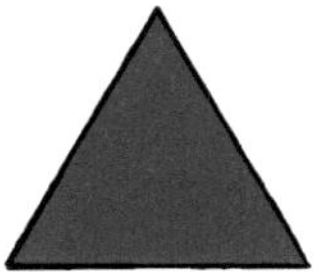

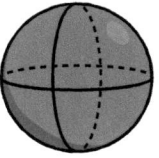

sfär

کُره

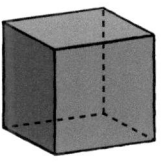

kub

مکعب

färger

رنگ

vit

سفید

gul

پیلا

orange

نارنجی

rosa

گلابی

röd

سُرخ

lila

جامنی

blå

نیلا

grön

سبز

brun

بهورا

grå

مٹیالا

svart

سیاه

mycket / lite

بہت زیادہ / بہت کم

arg / lugn

ناراض / پُرسکون

vacker / ful

خوبصورت / بدصورت

början / slut

آغاز / اختتام

stor / liten

بڑا / چھوٹا

ljus / mörk

روشن / اندھیرا

bror / syster

بھائی / بہن

ren / smutsig

صاف / گندا

komplett / ofullständig

مکمل / نامکمل

dag / natt

دن / رات

död / levande

زندہ / مُردہ

bred / smal

چوڑا / تنگ

ätlig / oätlig
....
کھانے کے قابل ہونا / کھانے کے قابل نہ ہونا

ond / god
....
بُرا / اچھا

upphetsad / uttråkad
....
پُرجوش / بوریت کا شکار

tjock / smal
....
موٹا / دُبلا

först / sist
....
پہلا / آخری

vän / fiende
....
دوست / دُشمن

full / tom
....
بھرا ہوا / خالی

hård / mjuk
....
سخت / نرم

tung / lätt
....
بوجھل / ہلکا

hunger / törst
....
بھوک / پیاس

sjuk / frisk
....
بیمار / صحتمند

olaglig / laglig
....
غیرقانونی / قانونی

intelligent / dum
....
عقلمند / بیوقوف

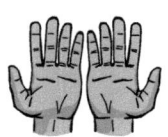

vänster / höger
....
بائیں / دائیں

nära / långt bort
....
نزدیک / دور

ny / begagnad

نیا / پُرانا

inget / något

کچھ نہیں / کچھ ہے

gammal / ung

بوڑھا / نوجوان

på / av

آن / آف

öppen / stängd

کُھلا / بند

tyst / högljudd

خاموش / بُلند آواز

rik / fattig

امیر / غریب

rätt / fel

ٹھیک / غلط

grov / slät

کھُردرا / ہموار

ledsen / glad

افسردہ / خوش

kort / lång

مُختصر / طویل

långsam / snabb

آہستہ / تیز

våt / torr

گیلا / خُشک

varm / sval

گرم / ٹھنڈا

krig / fred

جنگ / امن

siffror
اعداد

0
noll
صفر

1
ett
ایک

2
två
دو

3
tre
تین

4
fyra
چار

5
fem
پانچ

6
sex
چه

7
sju
سات

8
åtta
آٹه

9
nio
نو

10
tio
دس

11
elva
گیارہ

12

tolv

باره

13

tretton

تیره

14

fjorton

چوده

15

femton

پندره

16

sexton

سولہ

17

sjutton

ستره

18

arton

اٹھارہ

19

nitton

اُنیس

20

tjugo

بیس

100

hundra

سو

1.000

tusen

ہزار

1.000.000

miljon

دس لاکھ

språk
زبانیں

engelska

انگریزی

amerikansk engelska

امریکی انگریزی

kinesisk mandarin

چینی مینڈارین

hindi

ہندی

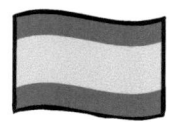

spanska

ہسپانوی

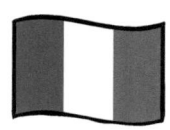

franska

فرانسیسی

arabiska

عربی

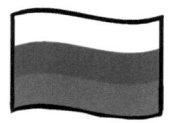

ryska

روسی

portugisiska

پُرتگالی

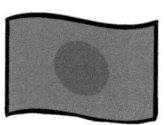

bengali

بنگالی

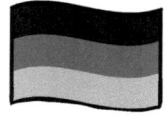

tyska

جرمن

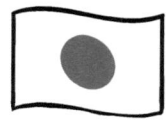

japanska

جاپانی

vem / vad / hur

کون / کیا / کیسے

jag

میں

du

تم

han / hon / den (det)

وہ (لڑکا) / وہ (لڑکی) / یہ

vi

ہم

ni

تم

de

وہ

vem?

کون؟

vad?

کیا؟

hur?

کیسے؟

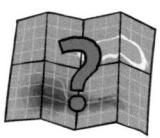

var?

کہاں؟

när?

کب؟

namn

نام

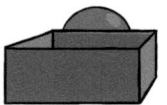

var

کہاں

bakom

پیچھے

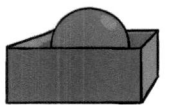

i

میں

framför

کےسامنے

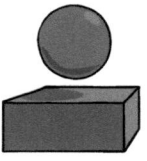

över

اوپر

på

پر

under

نیچے

bredvid

ساتھ

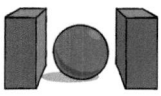

mellan

درمیان

plats

جگہ